Herzlich Willkommen zum Kandoku Spiel !

KANDOKU ist ein neues Spiel, mit welchem Du Deinen Schönheitssinn testen kannst.
Die Spielweise ist super einfach. Du musst nur eins von zwei Kanji auswählen. Wähle das, was Dir besser gefällt.
Aber Du darfst nicht auf die Lösungsseiten gucken, bis Du alle 20 Kanji ausgewählt hast.
Hast Du gute Augen, die nicht nur die äußere Erscheinung, sondern auch die innere Schönheit und Wahrheit erkennen können?

Kanji sind die schönsten Schriftzeichen der Welt. Ihre einzigartigen Formen faszinieren Menschen auf der ganzen Welt. Da Du dieses Buch in Händen hältst, gehörst Du wahrscheinlich auch dazu.
Aufgrund dieser Ästhetik der Kanji lassen sich sehr viele Leute Kanji-Tattoos machen.
Allerdings gibt es dabei sehr viele, die falsch oder komisch sind, wie z.B. Kuh (牛), oder Wildschwein(猪). Warum Kuh oder Wildschwein?
Es gibt sogar Menschen, die sich "Idiot" (馬鹿) oder "Dummkopf" (阿保), oder "irre" (気違い) tätowieren lassen.

Finde mit KANDOKU dein Lieblingskanji!
Dieses Buch ist für alle gedacht, die spielerisch und ohne komplizierte Erklärungen Kanji kennen lernen möchten.
Die Welt der Kanji ist groß und weit. Hinter jedem Kanji verbirgt sich eine viertausend Jahre alte Geschichte und tiefgründige Philosophie aus dem alten China. Zum Beispiel : 忄 (Herz)+亡(sterben) = 忙(beschäftigt)
Dabei lohnt es sich auch, darüber nachzudenken, warum sich die Chinesen diese Kanji im Altertum ausgedacht haben. Man kann nur darüber staunen, wie erfindungsreich und weise diese Menschen waren.

Es würde mich sehr freuen, wenn auch Du Dich von den Kanji in diesem Buch be

April 2015 Shigenobu Yamakata

© 2015 S&Y Creativ Kinder UG

S&Y Creativ Kinder UG

Uerdingerstr. 581

47800 Krefeld

info@japanverlag.com

+49 2151 32 98 82 5

Printed in Germany
ISBN : 978-3-9816877-2-9

KANDOKU

Anleitung zum Kandoku Spiel

Schritt 1
Wähle das schönere Kanji Deines Geschmacks aus.

Schritt 2
Schreibe das ausgewählte Kanji einmal selbst.
(Bitte möglichst schön!!)

好 oder 嫌

Schritt 3 Wiederhole diese Aufgabe bis zum zwanzigsten Kanji.

Schritt 4 Nachdem Du alle Kanji ausgewählt und geschrieben hast, zählst Du die Punkte (auf den Lösungsseiten) für die von Dir ausgewählten Kanji zusammen. Wie hoch ist Deine Gesamtpunktzahl? Sie zeigt Dir Deinen Sinn für Schönheit und Wahrheit!

Hinweis Natürlich ist KANDOKU als Spiel gedacht, ähnlich wie beim Lotto. Nimm das Ergebnis also nicht allzu ernst, denn es soll Spaß machen.

Lösung

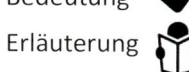

+ 5 Pt.

好

Aussprache 🔊	J : kō, yoi, suki C: hǎo
Bedeutung ✓	gut, mögen
Erläuterung	女= Frau 子= Kind
Beispiel	J : 好物(kō butsu) Lieblingsessen C: 好吃(hǎo chī) lecker

Hast Du 好 ausgewählt? Dann hast Du einen guten Sinn, obwohl es vielleicht nur reiner Zufall war. Mach weiter so!

J :Japanisch C : Chinesisch

- 5 Pt.

嫌

Aussprache 🔊	J : ken, iya, kirai C: xián
Bedeutung ✓	verabscheuen, Verdacht
Erläuterung	女= Frau 兼= doppelt, zweifach
Beispiel	J : 嫌悪(ken o) Abscheu C: 嫌惡(xián è) Abscheu

Hast Du 嫌 ausgewählt? Dann tut es mir sehr leid. Dein Sinn für Schönheit lässt ein wenig zu wünschen übrig. Mach weiter! Du kannst Dich verbessern!

KANDOKU

Hast du Sinn für Schönheit und Wahrheit?

══ KANDOKU ══

漢 独

Japan Verlag

Welches gefällt dir? 1

生 oder 死

KANDOKU

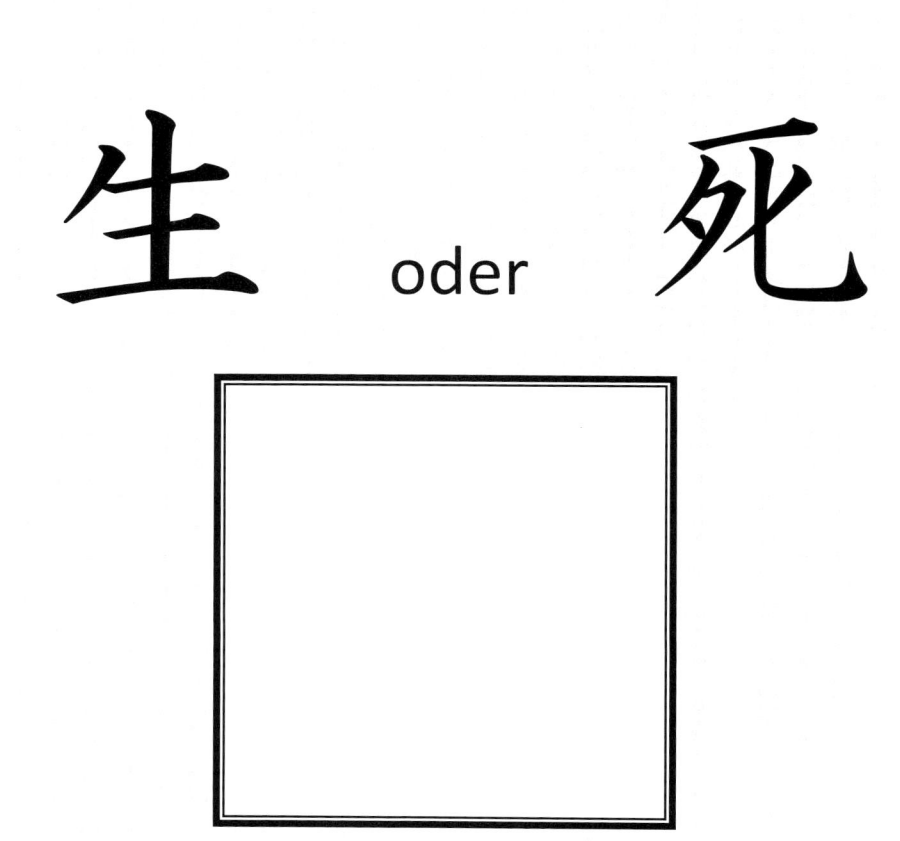

Welches gefällt dir? 2

邪 oder 正

KANDOKU

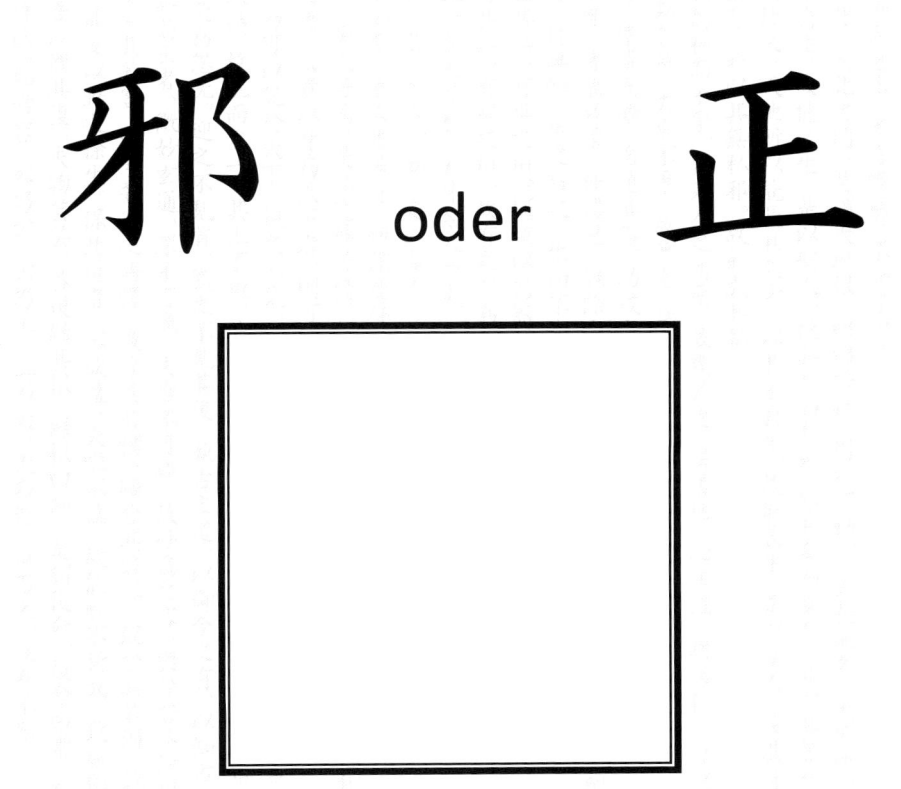

Welches gefällt dir? 3

地 oder 天

KANDOKU

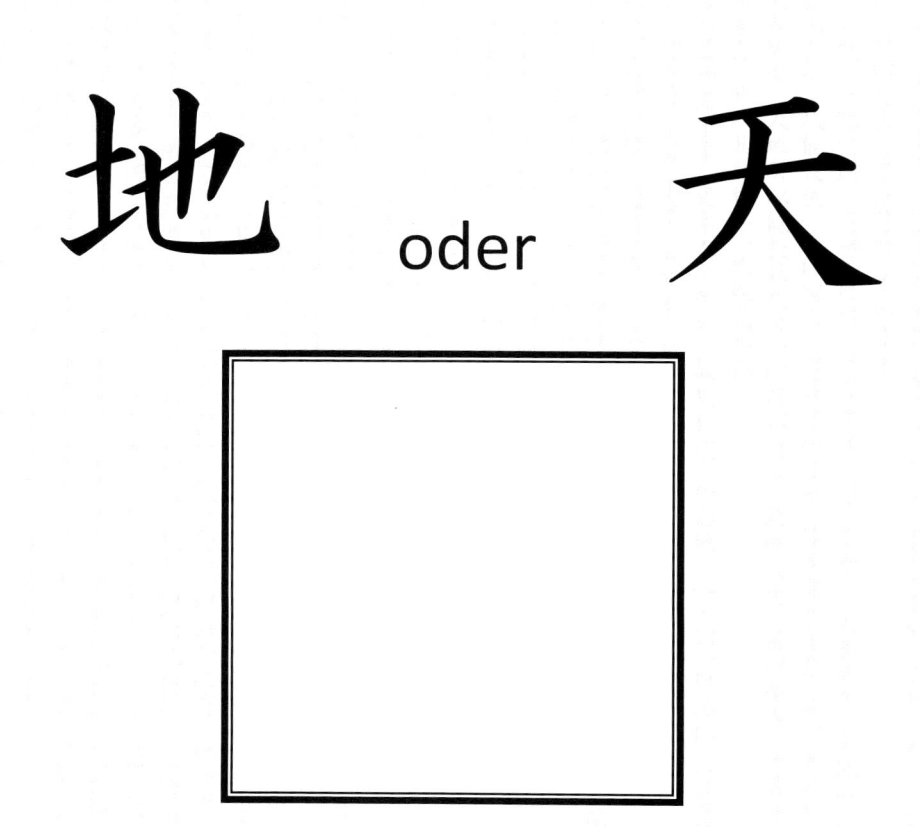

Welches gefällt dir? 4

会 oder 別

KANDOKU

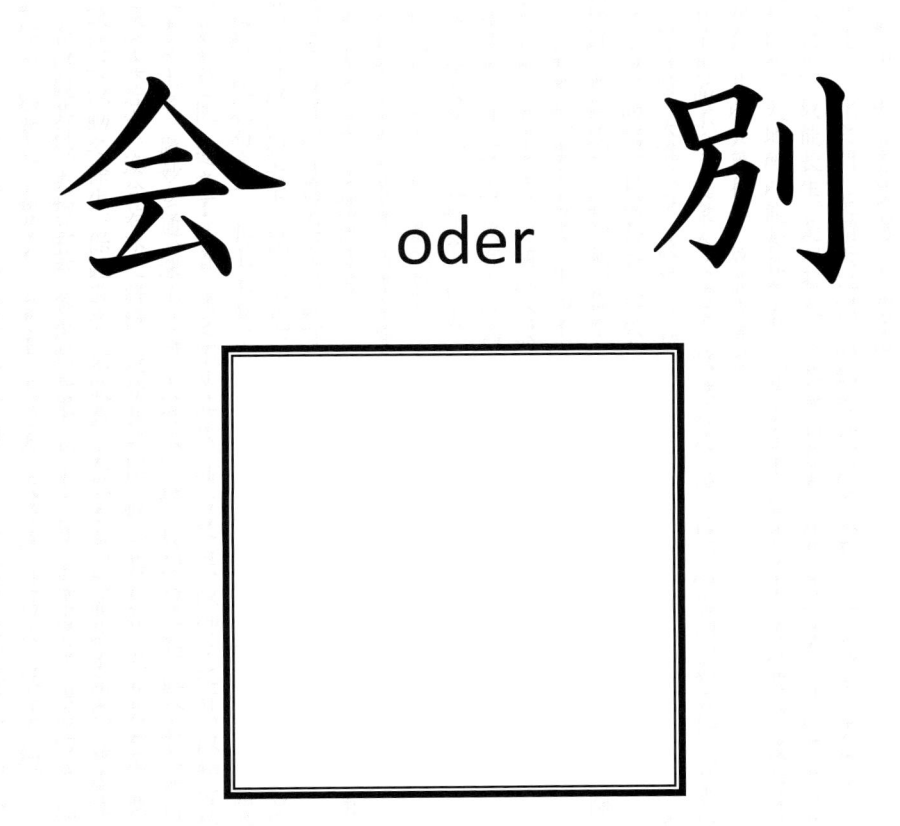

Welches gefällt dir? 5

衰　oder　盛

KANDOKU

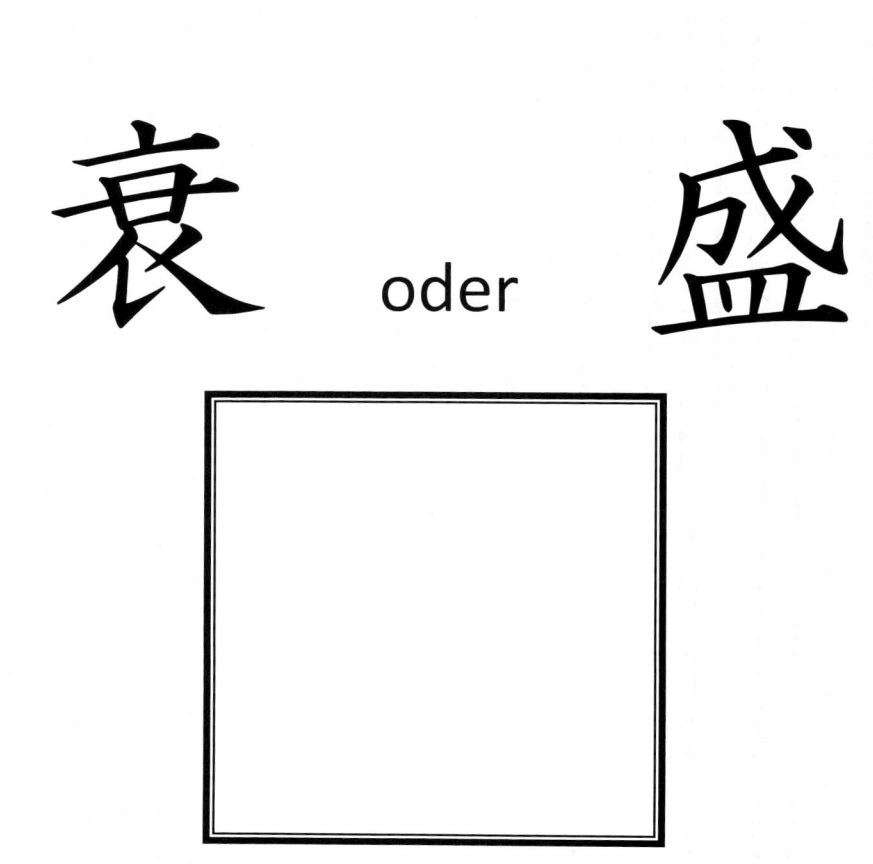

Welches gefällt dir? 6

幸 oder 災

KANDOKU

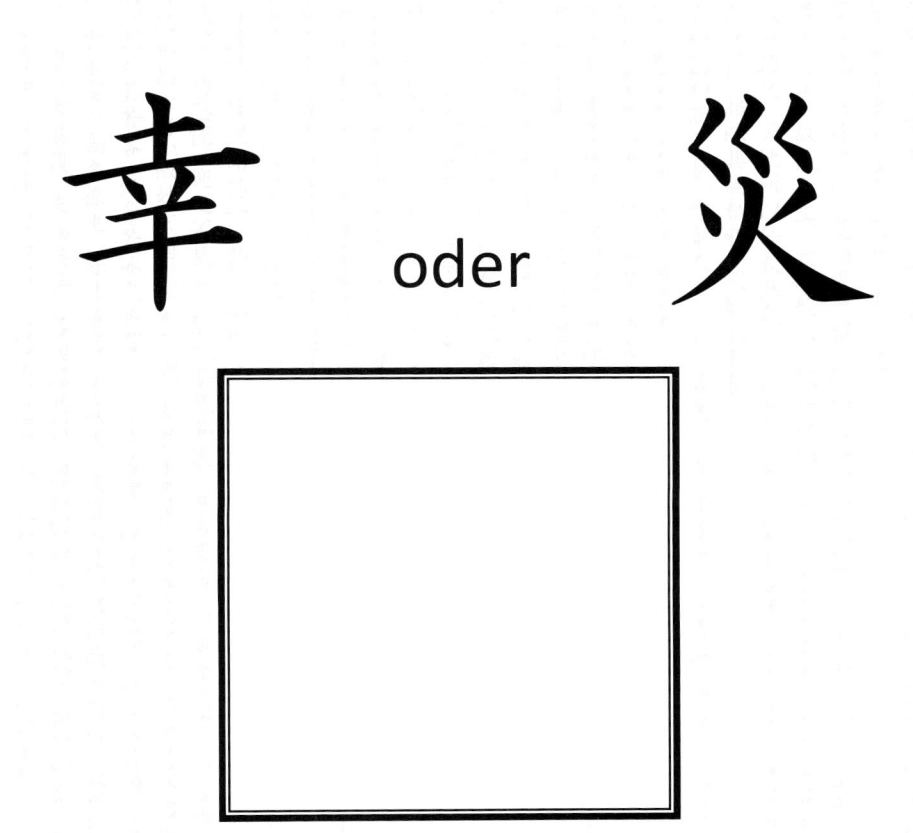

Welches gefällt dir? 7

泣 oder 笑

KANDOKU

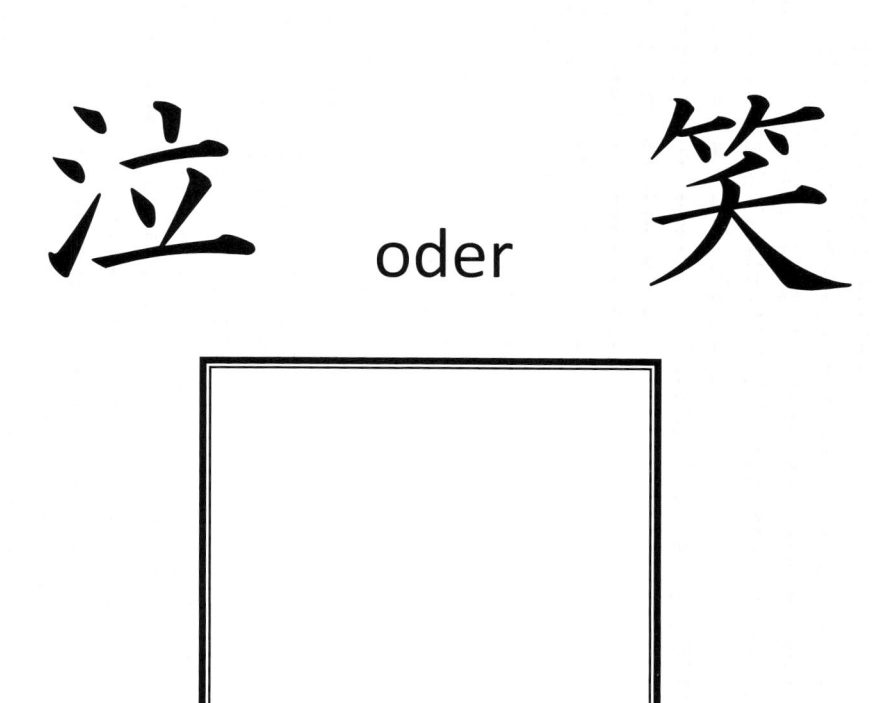

Welches gefällt dir? 8

暗 oder 明

KANDOKU

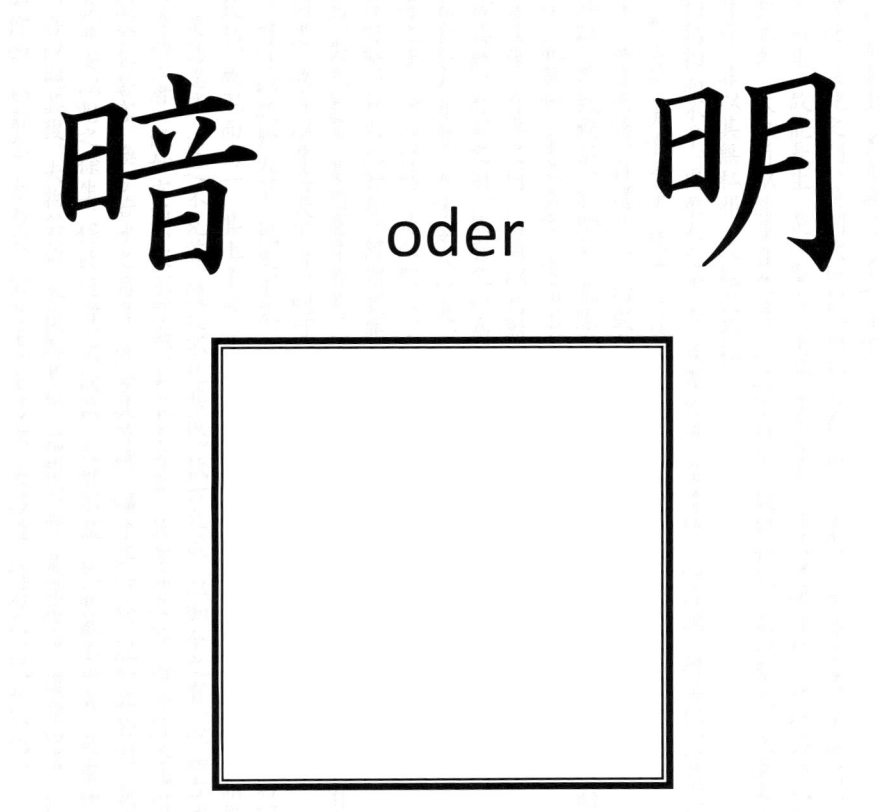

Welches gefällt dir? 9

悲 oder 喜

KANDOKU

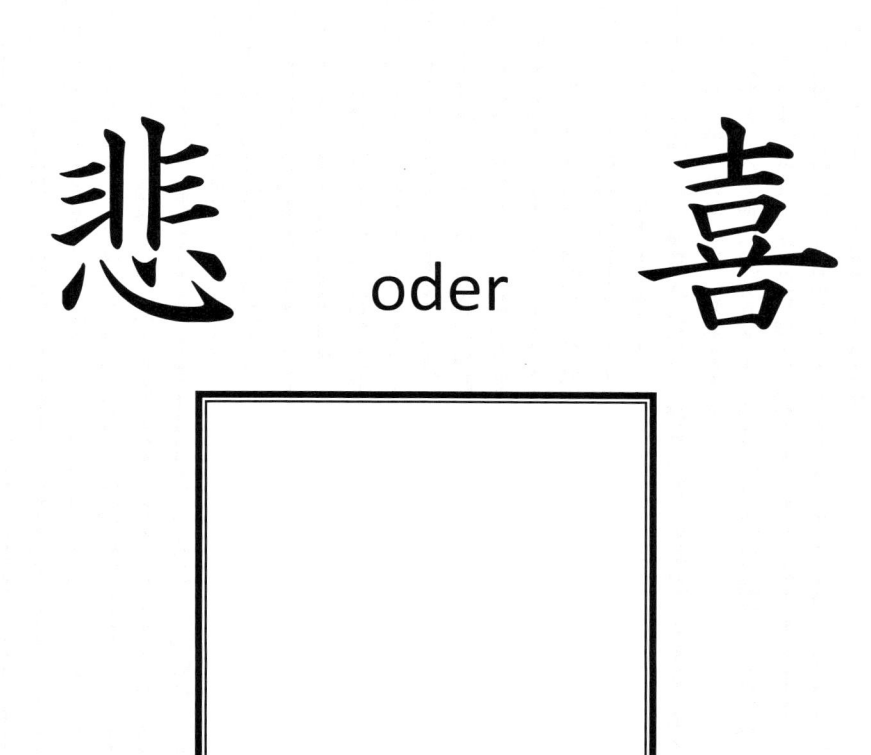

Welches gefällt dir? 10

真 oder 偽

KANDOKU

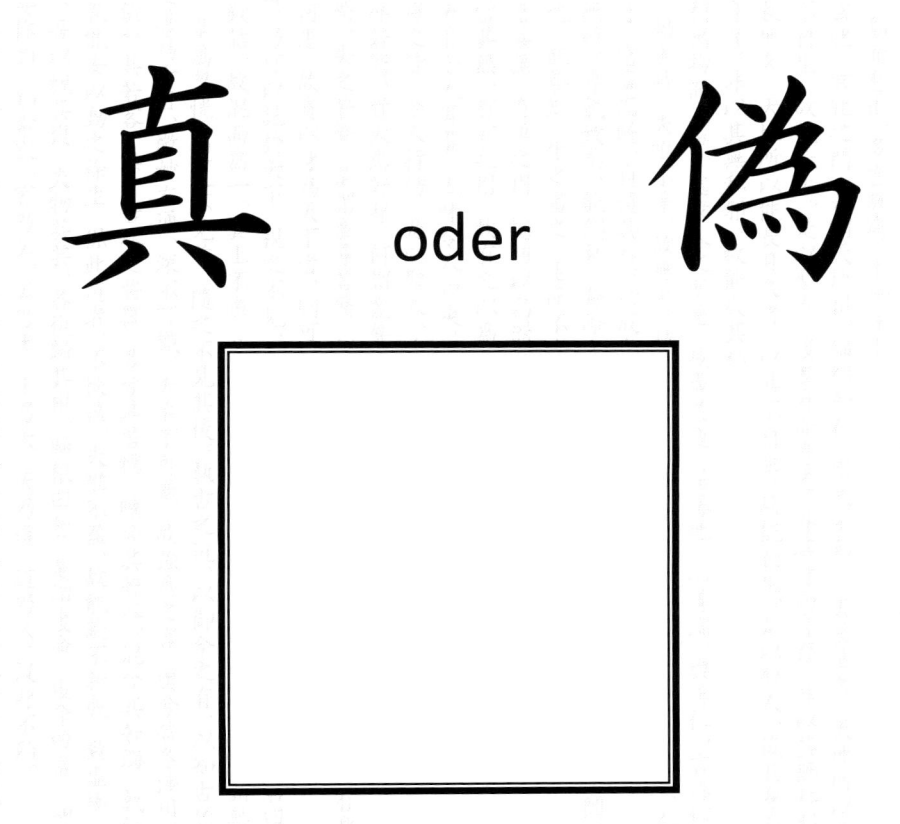

Pause — Erfindung der Kanji 1

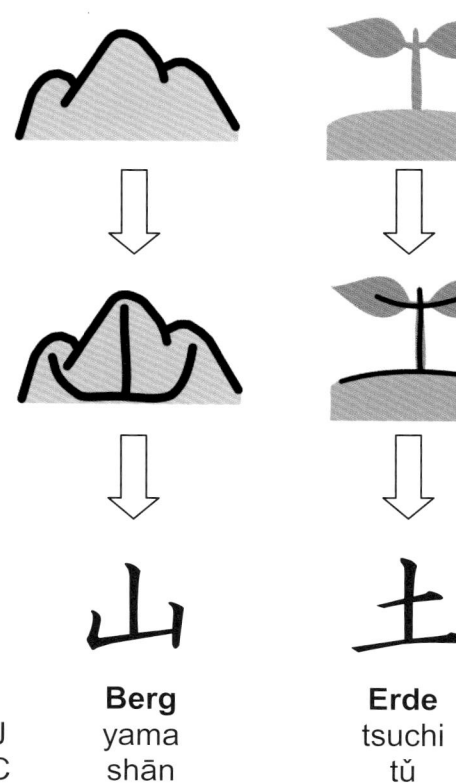

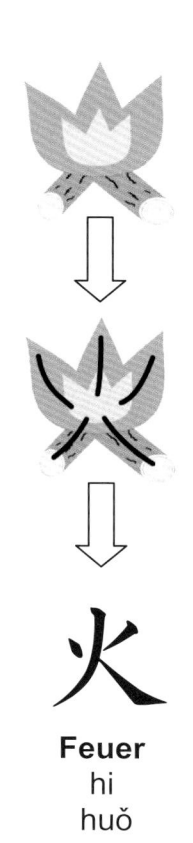

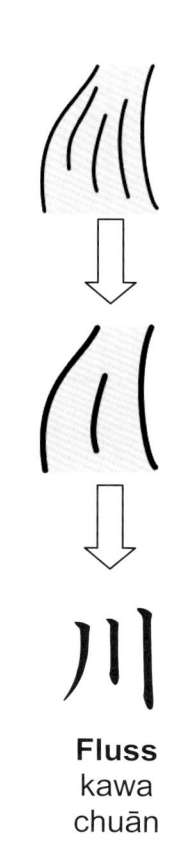

山	土	火	川	木
Berg	**Erde**	**Feuer**	**Fluss**	**Baum**
yama	tsuchi	hi	kawa	ki
shān	tǔ	huǒ	chuān	mù

J
C

KANDOKU

Pause — Erfindung der Kanji 2

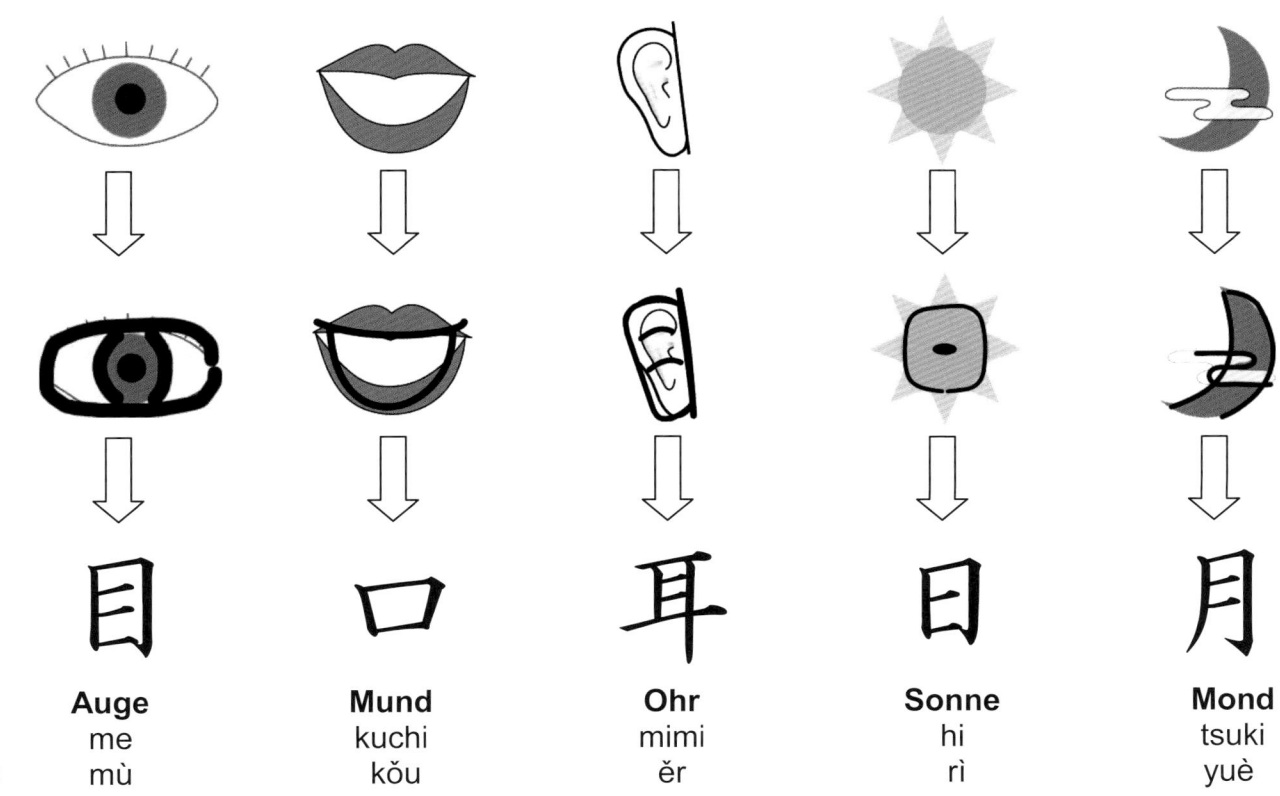

	Auge	**Mund**	**Ohr**	**Sonne**	**Mond**
J	me	kuchi	mimi	hi	tsuki
C	mù	kǒu	ěr	rì	yuè

KANDOKU

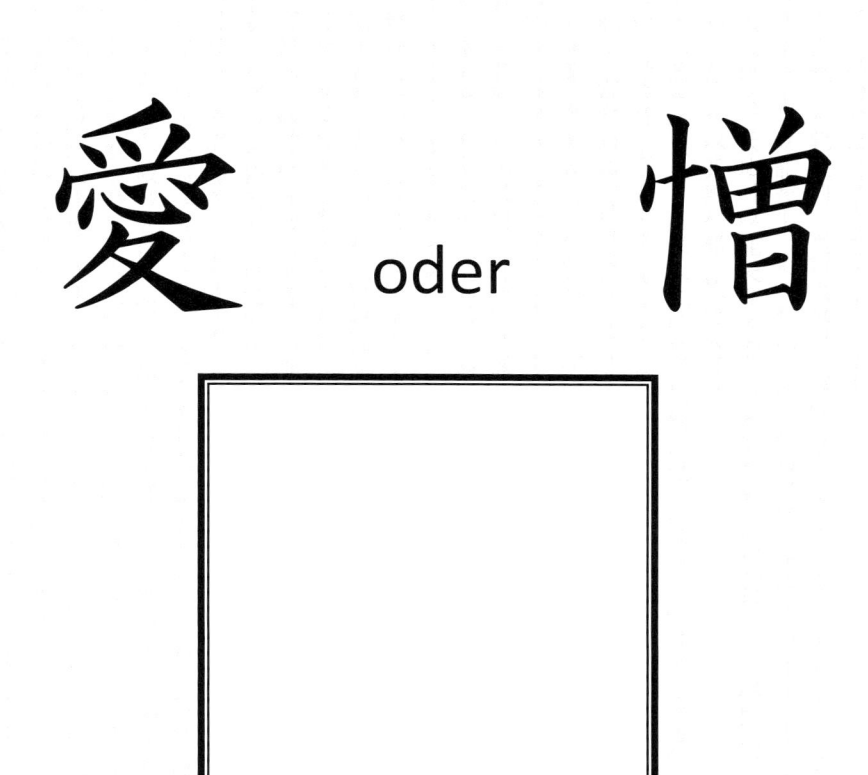

Welches gefällt dir? 11

愛 oder 憎

KANDOKU

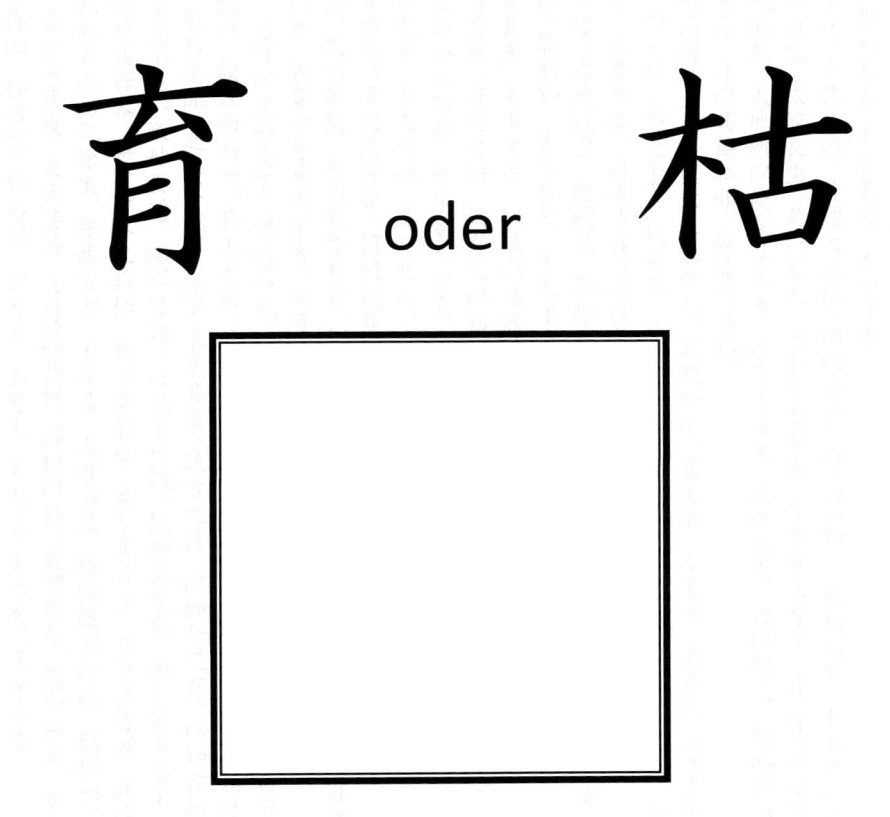

Welches gefällt dir? 12

育 oder 枯

KANDOKU

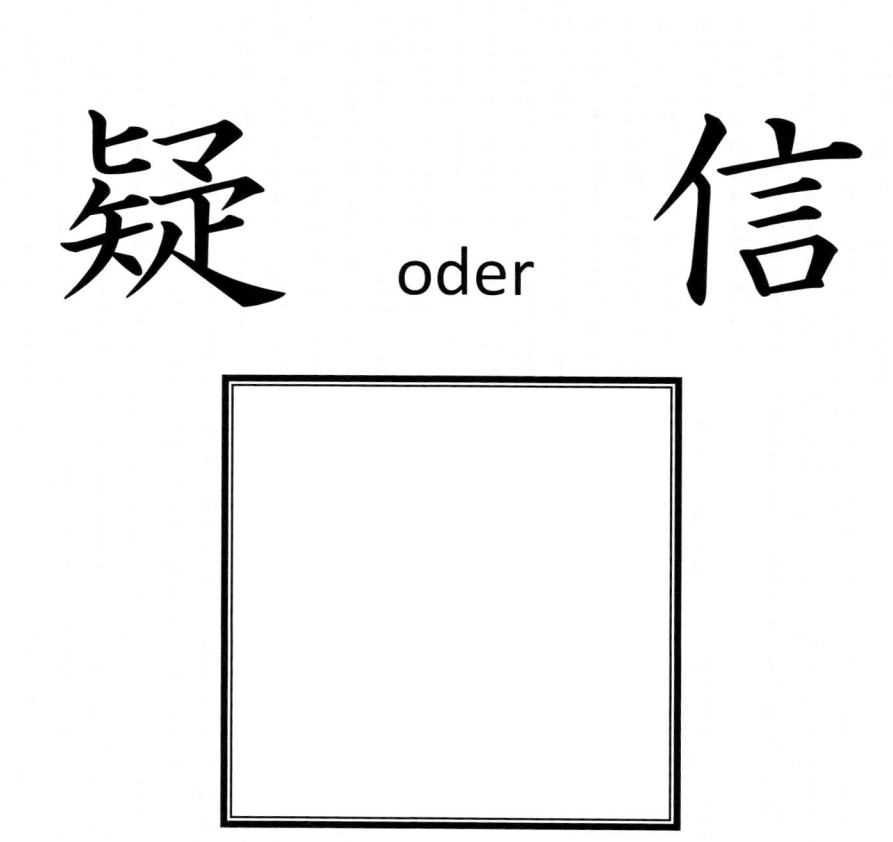

Welches gefällt dir? 13

疑 oder 信

KANDOKU

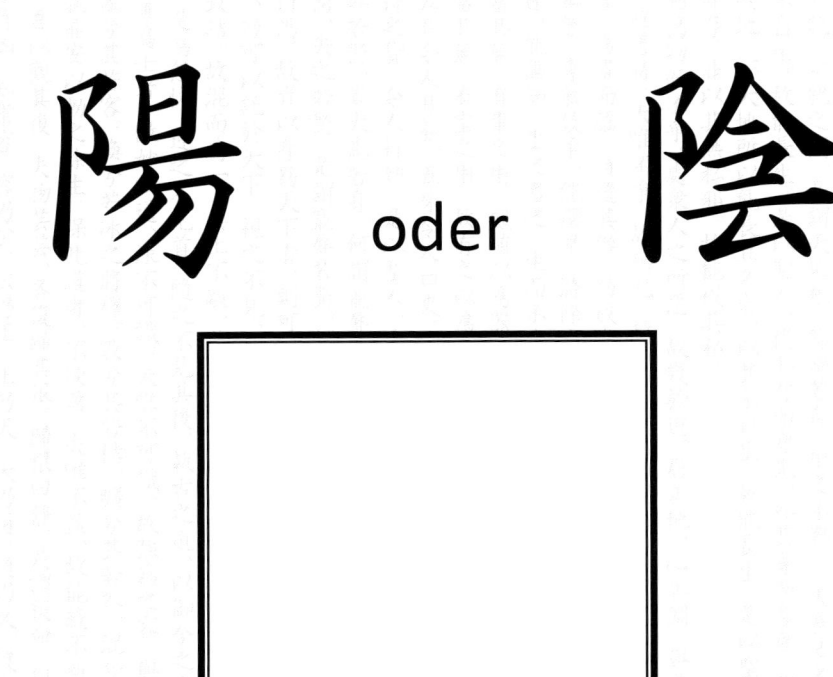

═══ Welches gefällt dir? 14 ═══

陽 oder 陰

KANDOKU

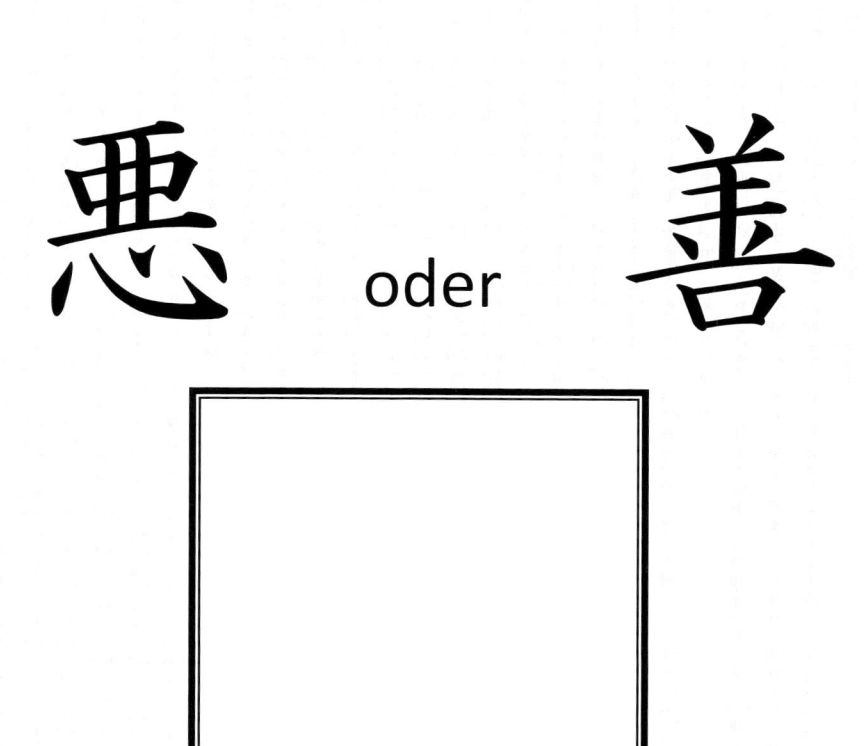

Welches gefällt dir? 15

悪 oder 善

KANDOKU

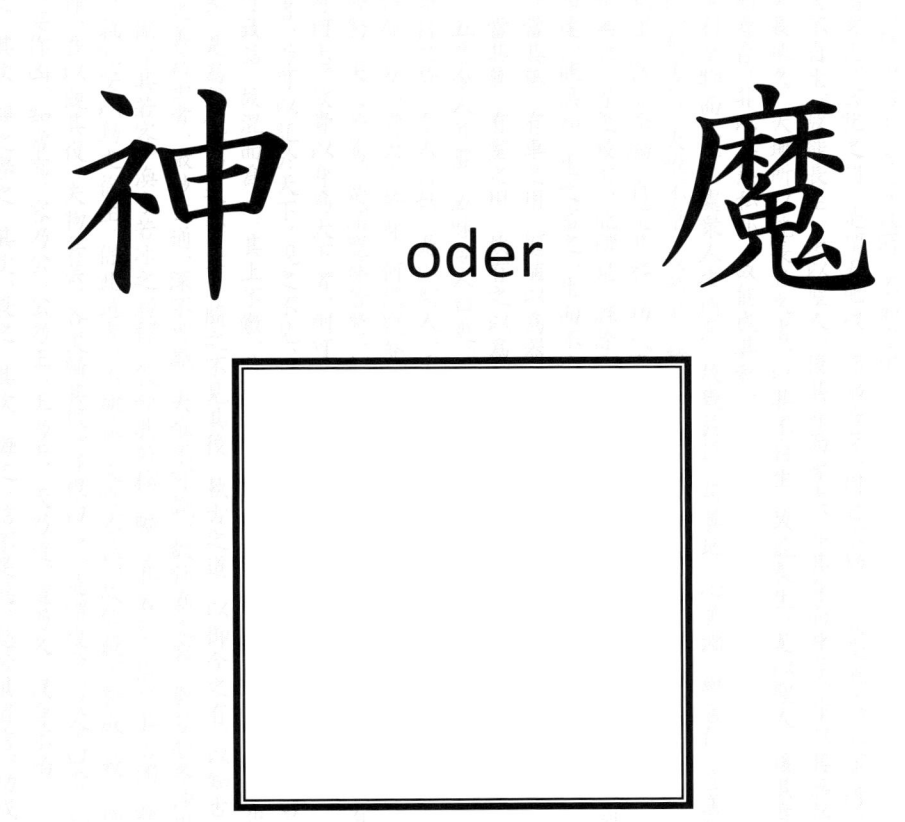

Welches gefällt dir? 16

神 oder 魔

KANDOKU

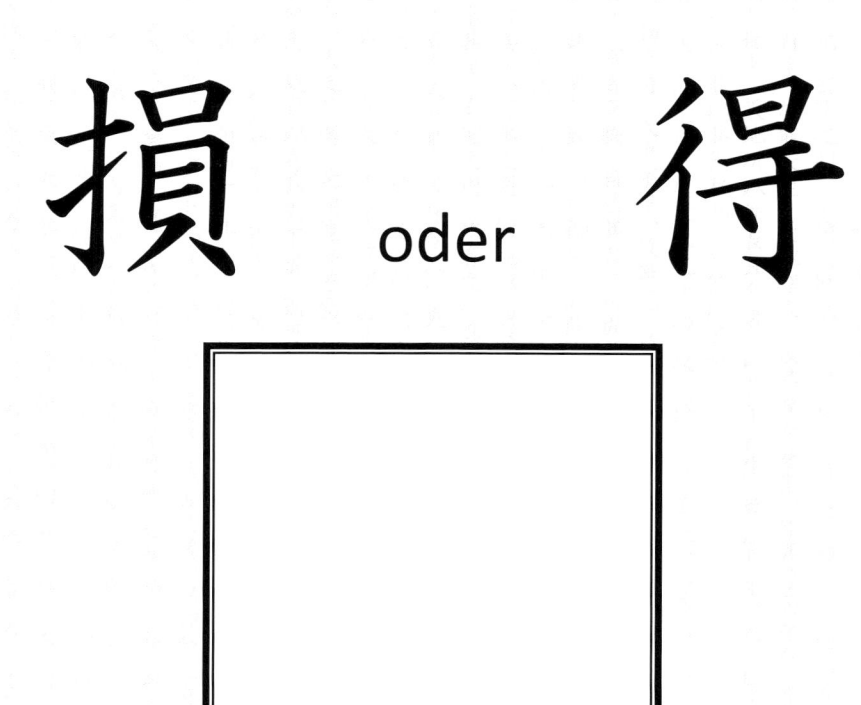

Welches gefällt dir? 17

損 oder 得

KANDOKU

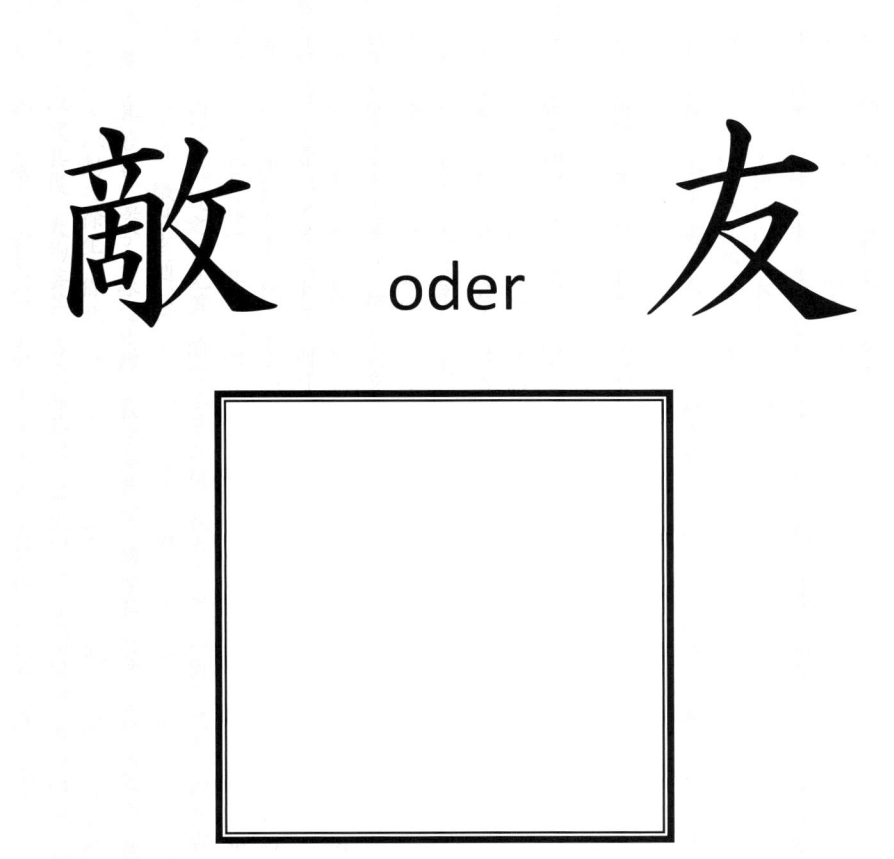

Welches gefällt dir? 18

敵　oder　友

KANDOKU

Welches gefällt dir? 19

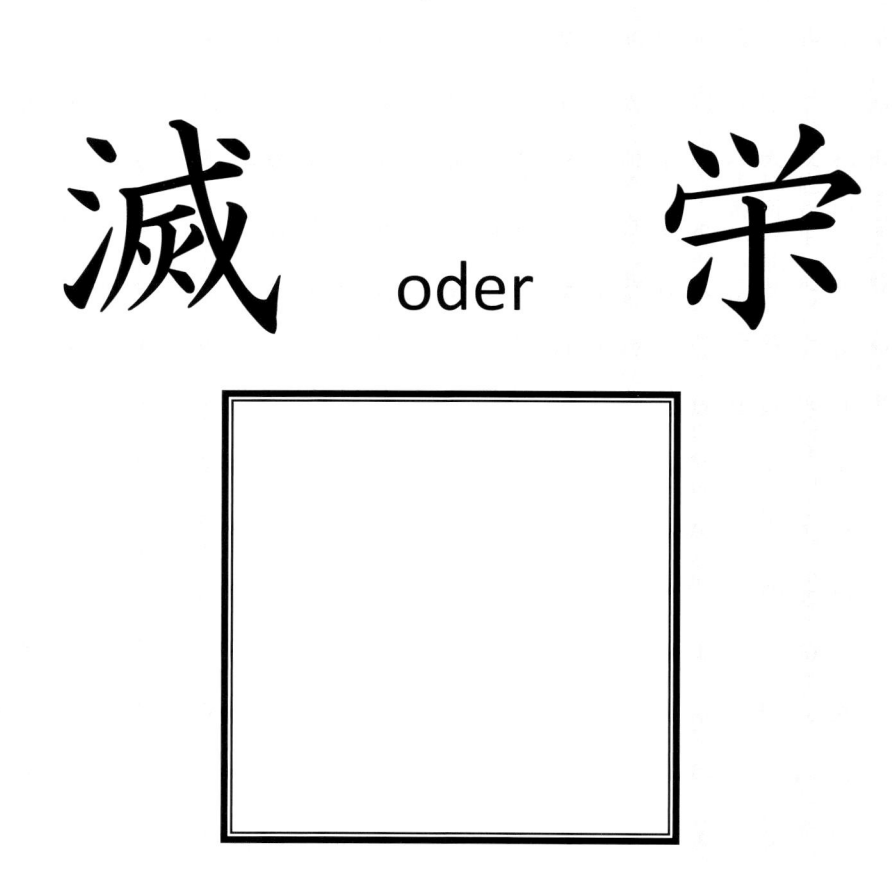

滅　oder　栄

KANDOKU

=== Welches gefällt dir? 20 ===

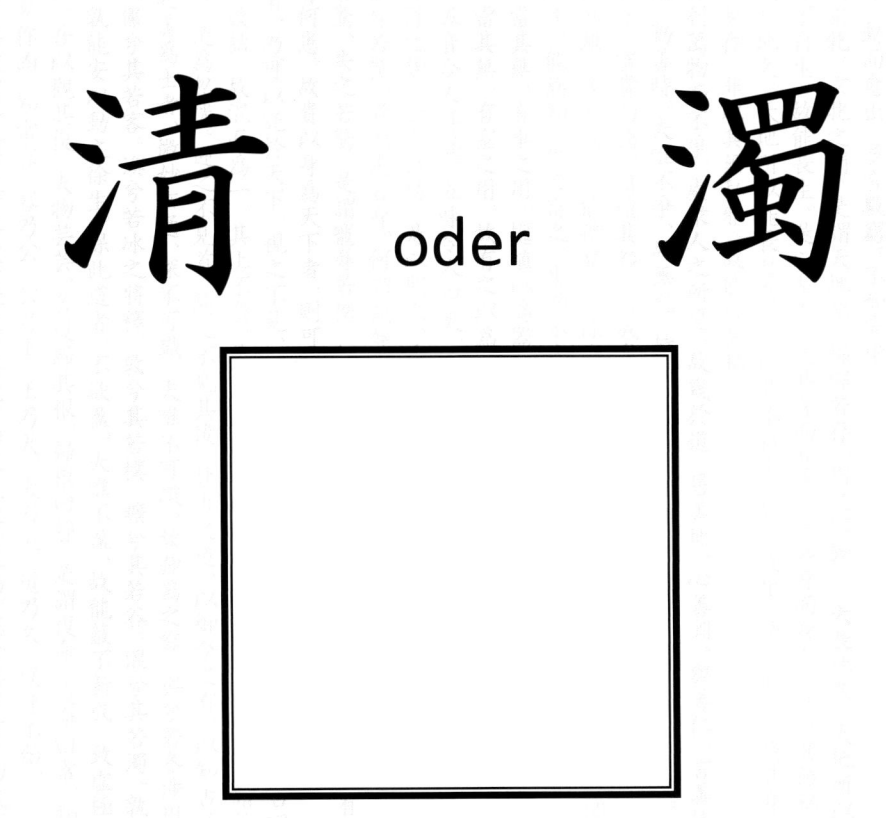

清 oder 濁

KANDOKU

fertig

完

Lösungen

解答

Lösung 1

+ 5 Pt.

生

- 🔊 J: sei, sho, ikiru, nama, haeru, umareru
  C: shēng
- ✓ leben, wachsen, geboren werden
- 📖 㞢 → 生 wachsenden Pflanzen
- 👥 J: 生命 (sē mē) Leben
  C: 生命 (shēng mìng) Leben

− 3 Pt.

死

- 🔊 J: shi, shinu
  C: sǐ
- ✓ sterben
- 📖 歹 = schlecht   匕 = Dolch
- 👥 J: 死亡 (shi bō) Tod
  C: 死亡 (sǐ wáng) Tod

KANDOKU

Lösung 2

− 5 Pt.

邪

- J : ja, yokoshima
- C: xié
- ✓ böse
- 阝 = Stadt, Dorf   牙 = Eckzahn, Fang
- J : 邪悪 (ja aku) böse
- C: 邪惡 (xié è) böse, Bosheit

+ 4 Pt.

正

- J : sē, shō, tadashī
- C: zhèng
- ✓ richtig
- -
- J : 正直 (shō jiki) ehrlich
- C: 正直 (zhèng zhí) lauter, integer

KANDOKU

Lösung 3

− 3 Pt.

地

- J : chi, ji
- C: dì / de
- ✓ Erde
- 土 = Sand   也 = etwas werden
- J : 地獄 (ji goku) Hölle
- C: 地獄 (dì yù) Hölle

+ 1 Pt.

天

- J : ten, ama , ame
- C: tiān
- ✓ Himmel
- 一 = eins   大 = groß
- J : 天才 (ten sai) Genie
- C: 天才 (tiān cái) Genie

KANDOKU

Lösung 4

+ 6 Pt.

会

- J : e, kai, au
- C: huì / kuài / guì
- sehen, treffen
- 人 = Person   云 = mitteilen, sagen
- J : 会員 (kai in) Mitglied
- C: 會員 (huì yuán) Mitglied

− 3 Pt.

別

- J : betsu, wakeru, wakareru
- C: bié
- separat, andere, Teil
- 刂 = schneiden
- J : 離別 (ri betsu) Trennung, Abschied
- C: 離別 (lí bié) Trennung, Abschied

KANDOKU

Lösung 5

− 4 Pt.

衰

- 🔊 J : sui, otoroeru
  C: shuāi
- ✓ verfallen, schwach werden
- 📖 衣 = Kleidung
- 👥 J : 衰退 (sui tai) Rezession, Schwund
  C: 衰退 (shuāi tuì) Rezession, Schwund

+ 2 Pt.

盛

- 🔊 J : sē, jō, moru, sakari
  C: shèng
- ✓ in voller Blüte stehen, energisch, füllen
- 📖 成 = werden, Erfolg   皿 = Teller
- 👥 J : 盛大 (sē dai) großartig, blühend
  C: 盛大 (shèng dà) großartig, blühend

KANDOKU

Lösung 6

+ 5 Pt.

幸

- 🔊 J : kō, sachi, shiawase, saiwai
  C : xìng
- ✓ Glück, froh
- 📖 土 = Erde   干 = trocknen
- 👥 J : 幸運 (kō un) Glück
  C : 幸運 (xìng yùn) Glück

− 8 Pt.

災

- 🔊 J : sai, wazawai
  C : zāi
- ✓ Unheil, Unglück
- 📖 巛 = Flamme   火 = Feuer
- 👥 J : 災害 (sai gai) Katastrophe
  C : 災害 (zāi hài) Katastrophe

KANDOKU

Lösung 7

− 4 Pt.

泣

- J : kyū, naku
- C: qì

✓ weinen

氵 = Wasser   立 = stehen

J : 号泣 (gō kyū) Heulen
C: 暗泣 (àn qì) lautlos weinen

+ 3 Pt.

笑

- J : shō, warau, e
- C: xiào

✓ lachen

竹 = Bambus   吞 = Hals, trinken

J : 笑顔 (e gao) lächelndes Gesicht
C: 笑容 (xiào róng) lächelndes Gesicht

KANDOKU

Lösung 8

− 2 Pt.

暗

- J : an, kurai
- C: àn

✔ dunkel

日 = Sonne, Tag   音 = Ton

- J : 暗示 (an ji) andeuten
- C: 暗示 (àn shì) geheim, heimlich, innerlich

+ 6 Pt.

明

- J : mei, myo, min, akarui, akiraka
- C: míng

✔ hell, klar

日 = Sonne, Tag   月 = Mond

- J : 明白 (mē haku) klar, deutlich
- C: 明白 (míng bái) klar, verstehen, begreifen

KANDOKU

Lösung 9

− 5 Pt.

悲

- J : hi, kanashī
- C: bēi
- traurig
- 非 = un-   心 = Herz
- J : 悲劇 (hi geki) Tragödie
- C: 悲劇 (bēi jù) Tragödie

+ 8 Pt.

喜

- J : ki, yorokobu
- C: xǐ
- froh, glücklich, zufrieden
- 十 = zehn   豆 = Bohnen   口 = Mund
- J : 喜劇 (ki geki) Komödie
- C: 喜劇 (xǐ jù) Komödie

Lösung 10

+ 4 Pt.

真

- J : shin, makoto, ma
  C: zhēn
- wahr, echt, wirklich
- 十 = zehn 目 = Auge 一 = eins 八 = acht, viel
- J : 真実 (shin jitsu) Wahrheit
  C: 真實 (zhēn shí) Wahrheit, wirklich, real

- 9 Pt.

偽

- J : gi, nise, itsuwari
  C: wěi
- falsch, Lüge, unecht, illegal
- 亻= 人 = Person   為 = tun, für jemanden
- J : 偽善 (gi zen) heuchlerisch
  C: 偽善 (wèi shàn) heucheln, Unaufrichtigkeit

KANDOKU

Pause Kanji Aufbau 1

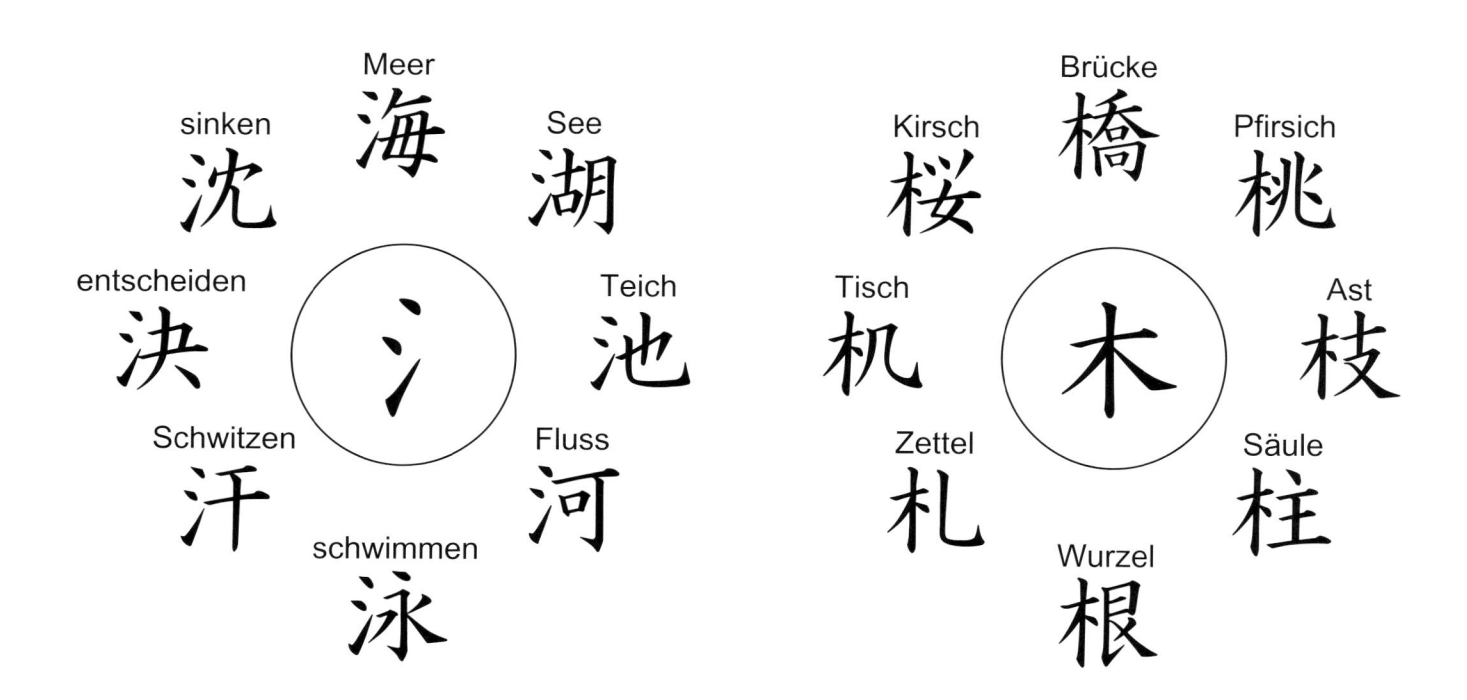

氵 (Wasser)
- sinken 沈
- Meer 海
- See 湖
- entscheiden 決
- Teich 池
- Schwitzen 汗
- Fluss 河
- schwimmen 泳

木 (Baum)
- Kirsch 桜
- Brücke 橋
- Pfirsich 桃
- Tisch 机
- Ast 枝
- Zettel 札
- Säule 柱
- Wurzel 根

KANDOKU

Pause Kanji Aufbau 2

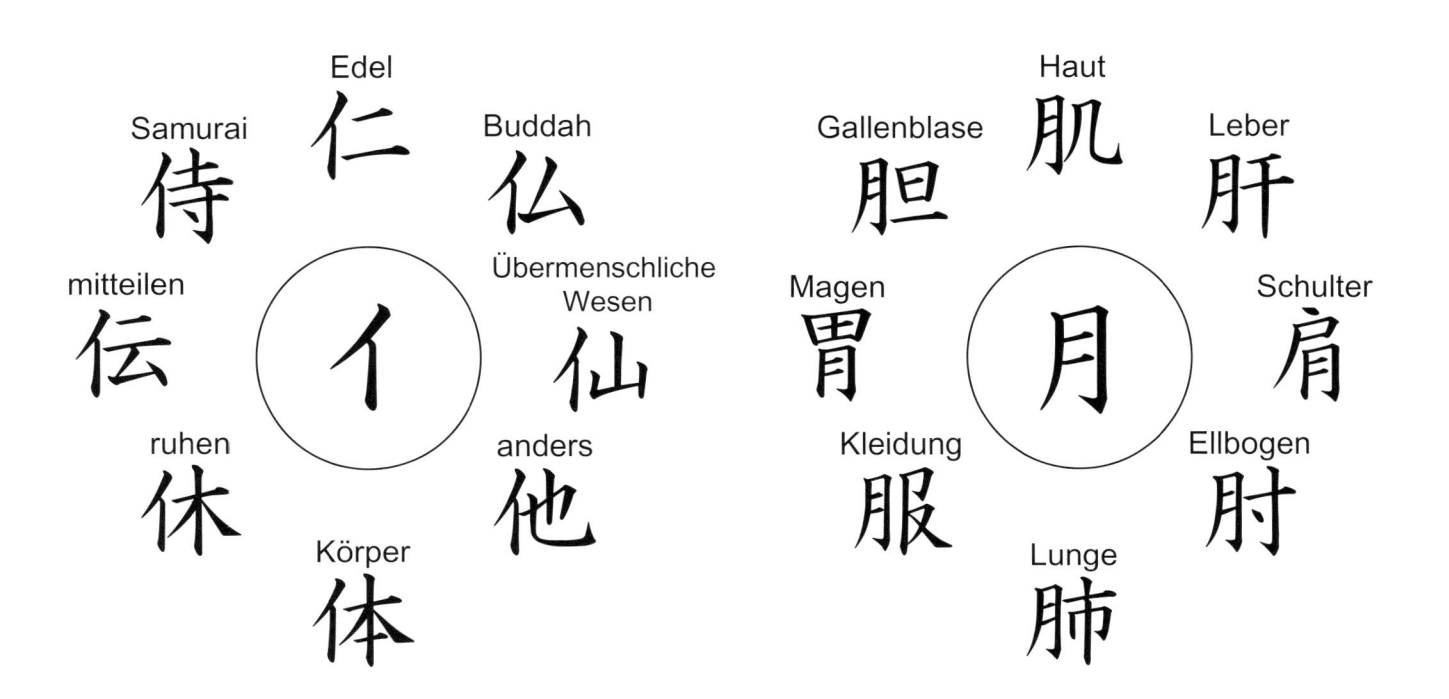

イ

- Samurai 侍
- Edel 仁
- Buddah 仏
- Übermenschliche Wesen 仙
- anders 他
- Körper 体
- ruhen 休
- mitteilen 伝

月

- Gallenblase 胆
- Haut 肌
- Leber 肝
- Schulter 肩
- Ellbogen 肘
- Lunge 肺
- Kleidung 服
- Magen 胃

KANDOKU

Lösung 11

+ 10 Pt.

愛

- J : ai, itoshī, mana, mederu
- C: ài
- Liebe
- 心 = Herz   夂 = folgen
- J : 愛情 (ai jō) Liebe
- C: 愛情 (ài qíng) Liebe

- 9 Pt.

憎

- J : zō, nikui, nikushimi, nikumu
- C: zēng
- Hass
- 忄 = 心 = Herz   曾 = alt, Vergangenheit
- J : 憎悪 (zō o) Hass
- C: 憎惡 (zēng wù) Hass

KANDOKU

Lösung 12

+ 4 Pt.

育

- J : iku, sodatsu, sodateru
- C: yù
- aufwachsen, erziehen
- ム = 私 = ich   月 = Mond, Körper
- J : 教育 (kyō ikui) Erziehung
- C: 教育 (jiào yù) Erziehung

- 5 Pt.

枯

- J : ko, kareru
- C: kū
- verdorren
- 木 = Baum   古 = alt
- J : 枯死 (ko shi) Absterben, Verdorren
- C: 枯死 (kū sǐ) verwelkt, eingegangen

KANDOKU

Lösung 13

− 4 Pt.

疑

J : gi, utagau
C: yí

Zweifel

匕 = Dolch   矢 = Pfeil   マ = Kind
疋 = 止 = anhalten

J : 疑問 (gi mon) Frage
C: 疑問 (yí wèn) Frage, Zweifel

+ 3 Pt.

信

J : shin, shinjiru, nobu
C: xìn

Ehrlichkeit, Vertrauen, glauben, Brief

亻 = 人 = Person   言 = sagen

J : 信用 (shin yō) Glaubwürdigkeit
C: 信用 (xìn yòng) Frage, Zweifel

Lösung 14

+ 5 Pt.

陽

- J : yō, hi
- C: yáng
- positiv, Sonne
- 阝 = Hügel   昜 = leicht, einfach
- J : 太陽 (tai yō) Sonne
- C: 太陽 (tài yáng) Sonne

- 5 Pt.

陰

- J : in, kage
- C: yīn / yìn / ān
- negativ, Schatten
- 阝 = Hügel   今 = jetzt   云 = sagen
- J : 陰険 (in ken) heimtückisch
- C: 陰険 (yīn xiǎn) heimtückisch

KANDOKU

Lösung 15

− 4 Pt.

悪

+ 4 Pt.

善

🔊	J : aku, warui, nikui C: è
✓	böse, schlecht
📖	亜 = sub- 心 = Herz
👥	J : 悪魔 (aku ma) Dämon, Teufel C: 惡魔 (è mó) Dämon, Teufel

🔊	J : Zen, yoi C: shàn
✓	gut
📖	羊 = Schaf 口 = Mund
👥	J : 善意 (zen i) Gutwilligkeit C: 善意 (shàn yì) Wohlgesinntheit

KANDOKU

Lösung 16

+ 6 Pt.

神

🔊	J : shin, jin, kami C: shén / shēn
✓	Gott
📖	ネ = 示 = zeigen　　申 = sagen
👥	J : 神話 (shin wa) Mythologie C: 神話 (shén huà) Mythologie

− 10 Pt.

魔

🔊	J : ma C: mó
✓	Teufel
📖	麻 = Hanf　　鬼 = Teufel
👥	J : 魔法 (ma hō) Zauber C: 魔法 (mó fǎ) Zauber

KANDOKU

Lösung 17

+ 3 Pt.

得

- J : toku, e
  C: dé / de / děi
- bekommen / erhalten / gewinnen / sich zufriedengeben
- 彳 = laufen   旱 = bekommen
- J : 得意 (toku i) stolz, starke Seite
  C: 得意 (dé yì) selbstgefällig

− 4 Pt.

損

- J : son, sokonau, sokoneru
  C: sǔn
- Verlust, schädigen
- 扌 = 手 = Hand   員 = Angestellter
- J : 損失 (son shitsu) Verlust, verlieren
  C: 損失 (sǔn shī) Verlust, verlieren

KANDOKU

Lösung 18

− 3 Pt.

敵

- 🔊 J : teki, kataki
  C: dí
- ✓ Feind
- 📖 攵 = schlagen
- 👥 J : 敵意 (teki i) Feindschaft
  C: 敵意 (dí yì) Feindschaft

+ 8 Pt.

友

- 🔊 J : yū, tomo
  C: yǒu
- ✓ Freund
- 📖 又 = Hand, helfen
- 👥 J : 友情 (yū jō) Freundschaft
  C: 友情 (yǒu qíng) Freundschaft

Lösung 19

− 6 Pt.

滅

🔊	J: metsu, horobiru C: miè
✓	untergehen, vernichten
📖	氵 = Wasser 灰 = Asche 戈 = Hellebarde
👥	J: 滅亡 (metsu bō) zugrunde gehen C: 滅亡 (miè wáng) zugrunde gehen

+ 5 Pt.

栄

🔊	J: ē, sakaeru C: róng
✓	Glanz, blühen, gedeihen
📖	冖 = bedecken 木 = Baum
👥	J: 光栄 (kō ē) Ehre, Ruhm C: 光榮 (guāng róng) Ehre, Ruhm

KANDOKU

Lösung 20

+ 8 Pt.
清

- 🔊 J : shin, sē, kiyoi, kiyoraka
  C: qīng
- ✓ J : sauber, klar, edelmütig
  C: erfreulich, angenehm, rein
- 📖 氵 = Wasser   青 = blau
- 👥 J : 清潔 (sē ketsu) Sauberkeit
  C: 清潔 (qīng jié) reinigen, saubern

- 4 Pt.
濁

- 🔊 J : daku, nigoru
  C: zhuó
- ✓ unrein, schlammig, schmutzig
- 📖 氵 = Wasser   目 = Auge   勹 = einhüllen
  虫 = Insekt
- 👥 J : 濁音 (daku on) stimmhafter Konsonant
  C: 濁音 (zhuó yīn) stimmhafter Konsonant

KANDOKU

Zeugnis

100 Punkte

Meister

Super! Du bist definitiv ein Genie! Man könnte sagen, dass Du ein ganz besonderes Gefühl für Ästhetik hast.
Deine Intuition führt Dich zu Schönheit und Wahrheit und zeigt, dass Du einen Sinn für das Gute und Positive im Leben hast.

60 ~ 99 Punkte

Schwarzgurt

Wunderbar! Du hast ein relativ gutes Gefühl für Schönheit und Wahrheit. Du hast überwiegend positive Kanji ausgewählt. Deine Intuition ist sehr ausgeprägt.
Dann mal los, auf in die Welt der Kanji!

16 ~ 59 Punkte

★★★★

Obwohl Du keine Kanji-Kenntnisse hast, zeigst Du ein gutes Gefühl für Schönheit und Wahrheit.
Du kannst das Positive vom Negativen gut unterscheiden.
Aber dennoch gibt es einige Unsicherheiten, die mit ein bisschen Übung behoben werden können.

KANDOKU

Zeugnis

	− 24 ~ 15 Punkte ★★★	Schade! Dein Gespür braucht ein wenig Verbesserung. Das Positive und das Negative sind wie die zwei Seiten einer Medaille. Aber du verwechselst sie manchmal. Dies ist aber kein Grund zur Enttäuschung.
	− 66 ~ − 23 Punkte ★★	Also, man kann nicht sagen, dass Dein Gespür für Schönheit und Wahrheit sonderlich gut ist. Woran das wohl liegt? Es wäre besser vorsichtig zu sein. Übung macht den Meister!
	− 99 ~ − 67 Punkte ★	Oh, mein Gott! Das ist ein sehr schlechtes Gespür. Aber das zeigt einen einzigartigen Charakter, den nicht viele haben. Wichtig ist aber, beide Seiten, das Positive und das Negative, anzuerkennen.
	− 100 Punkte (+_+)	Ach, du meine Güte! Du hast alle negativen Kanji ausgewählt, was nur Einer aus einer Million sonst schafft. Das sind ja geradezu übermenschliche Fähigkeiten. Bist Du etwa ein Zauberer oder Alien?

KANDOKU

Kanji für Tattoos

愛	友	美	魂	誠
Liebe	**Freund**	**Schönheit**	**Seele**	**Ehrlichkeit**
ai	tomo	bi	tamashī	makoto
ài	yǒu	měi	hún	chéng

真	願	貴	勇	侍
Wahrheit	**Wunsch**	**edel**	**Mut**	**Samurai**
shin	negai	tōtoi	yū	samurai
zhēn	yuàn	guì	yǒng	shì

KANDOKU

Kanji für Tattoos

徳	優	武	神	和
Tugend	**Freundlichkeit**	**Kampfbereitschaft**	**Gott**	**Frieden**
toku	yū	bu	kami	wa
dé	yōu	wǔ	shén	hé

幸	福	勝	気	礼
Glück	**Glück**	**Sieg**	**Geist**	**Höflichkeit**
shiawase	fuku	katsu	ki	rē
xìng	fú	shèng	qì	lǐ

KANDOKU

Japan Verlag

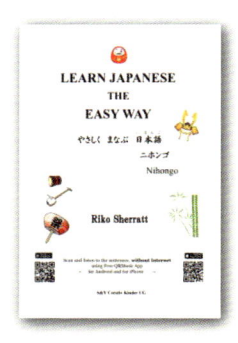

Learn Japanese the Easy Way

☆ The fastest way to master the basic of Japanese language.
☆ The best way to learn by yourself.
☆ Ideal textbook for the Japanese class for busy people.
☆ With special audio function

Level A1 – A2
The Japanese language is much easier to learn than Latin-based languages (German, English, French, Spanish, Italian, etc.). It concentrates on using simple rules of grammar so that you can learn Japanese as easy as possible.

Japanese characters
Japanese characters are very different from the Roman alphabet. This book therfore uses three sets of characters – Hiragana with Kanji and Katakana; Ktakana only; and the Roman alphabet only. Consequently, even if you do not want to learn Japanese characters (There are thousands of characters!), you can still keep learning with this book.

Learn Japanese the Easy Way
ISBN 978-3-9816877-0-5
18,00 € 16,00£

Japanisch ist einfach!

Japanisch sprechen, ab sofort!

☆ Wichtige Redewendungen
☆ Wortschatz für die Unterhaltung
☆ Audiodateien für alle Ausdrücke
☆ Ausdrücke für verschiedene Situationen
☆ Ausdrucksübungen mit Grammatik
☆ Japanischer Schrift, Hiragana- und Katakana-Anleitung
☆ Alle Wörter sind mit Aussprache und Bedeutung versehen.

Japanisch ist einfach!
ISBN 978-3-9816877-1-2
(D) 9,50 € (A) 9,80 €
14,50 CHF

Japan Verlag
www.japanverlag.com
info@japanverlag.com
+49 2151 32 98 82 5